55
C. 1406. La couverture imprimée portait :" Par P. V. Glade, avocat." Voy. le Journal de la Librairie, année 1849, n° 7261.

I

C. 1406. La couverture imprimée portait :" Par P. V. Glade, avocat." Voy. le Journal de la Librairie, année 1849, n° 7261.

DE L'INDEMNITÉ

DES PAUVRES EN FRANCE.

PARIS. — IMPRIMÉ PAR PLON FRÈRES

RUE DE VAUGIRARD, 36.

DE L'INDEMNITÉ
DES PAUVRES
EN FRANCE

COMME

CONSÉQUENCE DU DÉCRET QUI LES DÉPOSSÉDA EN 1789.

Pro Deo et justitiâ.

PARIS

GAUME FRÈRES, LIBRAIRES-ÉDITEURS

RUE CASSETTE, 4

1850

DE L'INDEMNITÉ
DES PAUVRES EN FRANCE.

CHAPITRE PREMIER.

Loin de nous de susciter à un point de vue nouveau l'esprit de division dans notre pays. L'antagonisme a déjà fait des ravages assez profonds : y ajouter serait un crime. La paix des esprits et des cœurs est le premier besoin ; et nous envisageons comme un devoir civique et chrétien de la propager, de la répandre, chacun dans la mesure de nos forces. Toutefois, quelque chose vaut mieux que la sympathie la plus ardente pour cette paix : c'est d'aller au-devant d'elle, et de l'invoquer au nom d'une immense réparation due ; c'est de provoquer l'acte de haute justice sociale qui lui donnera satisfaction ; parce que cet acte ne sera pas seulement de la justice ordinaire, ce sera un acte de charité réparatrice; c'est au nom de l'une et de l'autre que nous élevons la voix, et désirons être compris. Jamais intérêt n'exigea plus d'impartialité dans l'examen et de calme dans l'appréciation, que celui dont nous allons parler. Mais pour bien l'embrasser dans son ensemble, prenons la question à son véritable point de départ.

La révolution française ne s'est pas opérée avec un égal profit pour tous en France. Quoi qu'on ait dit, et on commence à le comprendre, tous les citoyens n'en ont pas recueilli les mêmes fruits.

D'une part, deux classes ou ordres, possédant anciennement des priviléges et des droits dans l'État, ont perdu ces priviléges et ces droits. Elles en ont fait le sacrifice avec autant d'abnégation que le pouvaient faire des hommes à la paix de leur pays. En résumé, elles se sont effacées devant les convictions sociales nouvelles avec une sorte de courtoisie française. Nous n'examinerons pas si ces convictions, plus philosophiques que chrétiennes, les forçaient à un sacrifice aussi absolu. Le fait s'est converti en loi, et un demi-siècle l'a consacré. A côté de ces deux classes, une troisième, qui s'était posée en face d'elles, a conquis dans ce mouvement une situation, une égalité et bientôt une prépondérance qu'elle ne possédait pas jusque-là. Son talent fut surtout son titre, son audace y ajouta; mais l'impulsion du moment et le nombre lui assurèrent cette prépondérance décisive sur les événements.

Il existait encore en France une autre classe de citoyens, la nombreuse classe des prolétaires : ouvriers de l'industrie, ouvriers des campagnes. Celle-là, loin de gagner au mouvement révolutionnaire, y a perdu les garanties de son travail comme celles de sa vieillesse. Elle y a perdu ce qui constituait sa solidarité, les corporations; et ce qui assurait son existence future, son patrimoine propre, le patrimoine des pauvres. Rien depuis, malgré les promesses et les décrets révolutionnaires, n'a pu, n'a su lui rendre cet état. Ce fut là un attentat moral à ses conditions légitimes et naturelles d'existence. Qu'a-t-elle reçu depuis en compensation? Presque rien; la justice, çà et là, des prud'hommes, comme si celle-ci avait un sens vrai, en dehors de la solidarité sérieuse des corporations. Ce n'est pas toutefois que nous regrettions ces corporations d'une manière absolue. Non, car elles portaient une atteinte directe à la liberté humaine, ce qui est un vice radical dans toute constitution. Mais on aurait dû leur donner un équivalent dans une institution modelée sur le principe

de la liberté, et on n'a pas su le faire. On a détruit et rien remplacé.

Au chapitre suivant, nous verrons quel a été le
grave attentat porté à l'existence de la population
plébéienne; examinons comment l'Assemblée constituante est arrivée à commettre cet attentat à jamais regrettable.

On a beaucoup préconisé les travaux de cette
Assemblée, il est temps de les apprécier dans leur
résultat moral. Il est bon de savoir enfin quel fut
son droit, et comment elle l'exerça.

Il est bon que le pays se souvienne qu'elle n'a-
vait pas la plénitude du droit constituant : d'abord,
parce qu'elle n'était pas issue de la puissance qui le
donne, le suffrage universel; ensuite, parce qu'elle
eut toujours (pendant sa durée du moins) au-
dessus d'elle le pouvoir qui la convoqua et la réu-
nit, la royauté. Il y avait donc alors un droit an-
térieur et supérieur au sien, un droit qu'elle devait respecter, qu'elle ne respecta pas.

Mais la royauté n'était pas la seule institution
antérieure qui primât son droit : il y avait le
clergé français, institution qui avait son existence
indépendante, aussi incontestable que la première.
Elle ne pouvait rien contre son organisation reli-

gieuse; elle la brisa néanmoins comme corps politique. — La double atteinte portée par cette Assemblée à ces deux institutions fut-elle sa seule usurpation contre le droit, et la seule occasion où elle ait menti au peuple? Non.

D'abord, parmi les plus audacieux principes qu'elle ait proclamés, elle décréta : Que les citoyens ont le droit d'*élire* les ministres de leur culte ; comme si l'élection populaire pouvait jamais conférer l'investiture sacrée du sacerdoce. Elle décréta encore : Qu'il serait organisé un établissement général de secours publics, pour élever les enfants abandonnés, soulager les infirmes, fournir du travail aux pauvres valides. Et cette promesse n'a pas encore aujourd'hui reçu un sérieux commencement d'exécution. Elle avait décrété aussi l'instruction gratuite et graduée pour tous les citoyens; et ce projet n'a pas davantage eu de suite réelle. Enfin, après avoir commis la plus énorme des spoliations, elle décréta, toujours en principe, qu'une préalable et juste indemnité serait donnée lorsque la nécessité publique exigerait le sacrifice d'une propriété privée ; et elle n'en a rien fait, dans la grave circonstance dont nous allons parler. Sous tous ces rapports, elle s'est donc trouvée au-dessous de son ambition.

Sous tous ces rapports, elle n'a pas eu le caractère constituant!...

Que fut-elle donc, cette Assemblée, et que devons-nous voir en elle, malgré les hautes capacités qui l'illustrèrent? Elle doit être considérée plutôt comme une Assemblée de philosophes, que comme une réunion de législateurs chrétiens faisant une œuvre sociale. Son travail fut bien plutôt, en effet, une œuvre philosophique, la formule des idées du temps, que celle des mœurs de la nation française. Le caractère français n'y fut pas moins faussé que les mœurs. Or, toute Constitution qui ne prend pas pour base le caractère et les mœurs d'un peuple, est une Constitution éphémère; elle n'entre que superficiellement dans son existence; elle l'étourdit, l'enivre, le déplace; elle n'ouvre pas d'avenir devant lui. C'est ce que l'histoire a prouvé ici. Enfin, par cette raison, que l'œuvre fut plutôt une sorte d'équation absolue des droits politiques, que la constatation d'un progrès moral introduit au profit de tous, elle a laissé l'aspect d'un grand renversement. La moralité publique y fut ébranlée à ce point qu'elle s'en ressent encore; et elle surexcita toutes les passions, qui ouvrirent successivement tous les abîmes.

Voilà comment, faute du premier élément d'une

constitution, son principe moral, et de la première condition d'un changement aussi radical, la condition d'un progrès chez le peuple qui le subit, l'œuvre de la Constituante ne fut qu'une immense déception.

Et comment en eût-il pu être autrement; le nouveau décalogue des droits ne proclame aucun devoir. Tous les droits, même le droit fatal dont l'homme fit usage contre Dieu, au jour de sa chute, le droit d'insurrection fut reconnu; et aucun devoir n'a été prescrit. C'est bien là les législateurs de la terre! Tous les droits, pas un devoir. La terre et le bien-être qu'elle offre seulement, en perspective; jamais, ce qui est au-dessus, la moralité. Ah! si la Constituante avait eu la conscience d'elle-même et la conscience vraie de la liberté, n'eût-elle pas dû proclamer aussi que l'homme est un être moral; que ses droits ne sont compris que dans ses devoirs; que ses devoirs même marchent avant, parce que la conscience de l'individu dépasse le fait, comme elle dépasse toute loi humaine? Toute formule d'un droit, en effet, a pour équilibre la formule du devoir correspondant; faute de laquelle le droit se convertit en appel aux passions; faute de laquelle une constitution, quelque élaborée qu'elle soit par le génie humain, n'est plus qu'une œuvre qui rappelle la constitution de l'ancienne Athènes et de l'ancienne Rome.

Mais celles-là ont été définitivement pulvérisées par le symbole social moderne, l'Evangile : l'Evangile, code suprême de la nouvelle vie des peuples comme de la vie des individus. Or, en n'empruntant à ce code ni son esprit, ni sa vie, l'œuvre de la Constituante ne pouvait vivre que ce qu'elle a vécu, produire que ce qu'elle a produit.

Sous ce rapport donc, cette Constitution de 89 est restée bien au-dessous de celle que le simple établissement de la maison de saint Louis à Rome édicta en août 1500, sous Louis XII. Voici, en effet, les termes du préambule de cette constitution :

« Au nom de la Sainte-Trinité, les notables de
» la nation française, représentant toute la nation,
» considérant que nulle société ne peut jouir long-
» temps d'un gouvernement heureux et paisible, à
» cause de la fragilité humaine, s'il n'est fondé sur
» une constitution *qui fixe les droits et les devoirs;*
» désirant établir un ordre tel qu'il en puisse ré-
» sulter : la religion sincère envers Dieu, l'assis-
» tance pour tous les frères, la prospérité et l'union
» de la cité, et la piété envers les morts; après une
» longue discussion et une mûre délibération, ont
» arrêté les statuts suivants d'un commnn accord

» et d'un consentement exprès et unanime... [1] »

Qu'en conclure? C'est qu'une Assemblée qui s'est posée comme Constituante et qui ne l'est pas, et qui a proclamé tous les droits, sans parler d'aucun devoir, une telle Assemblée, disons-nous, ne tarde pas à se permettre d'autres usurpations plus dangereuses et plus funestes : c'est ce qui arriva à celle-ci, et c'est ce que nous allons maintenant examiner.

[1] Nous sommes heureux d'emprunter cette citation à l'écrit de M. le duc de Valmy, intitulé : *Établissements religieux de la France dans les Etats du Saint-Siége*, écrit dans lequel l'auteur, après avoir démontré que la France possédait à Rome des fondations de la nature de celles qui existaient en France avant 1789, prouve que ces établissements ont été détournés de leur destination depuis la révolution de juillet, et que par conséquent il y a eu là aussi dilapidation du patrimoine des pauvres.

Nous avouons que nous ne connaissions pas cet écrit avant d'avoir commencé celui-ci; mais nous déclarons qu'après l'avoir lu, nous aurions persisté au besoin dans ce projet : ne fût-ce que pour nous trouver en communion d'idées et de sentiments avec un esprit aussi éminent et doué de vues aussi noblement équitables.

CHAPITRE II.

Nous venons de voir que l'Assemblée, qui s'intitula Constituante aurait dû reconnaître deux institutions antérieures à elle : la royauté et le sacerdoce ; ne pouvant les frapper dans leur base, elle les attaqua à leur sommet, en portant atteinte au prestige de l'une et à l'action morale de l'autre.

Nous ne rappellerons pas ce que la royauté est devenue à la suite du discrédit qu'on a successivement amassé sur elle.

Quant au sacerdoce, ce n'est pas en le supprimant comme institution religieuse qu'on le frappa, c'est en le dépossédant. Pour cela, il y eut complot dans cette Assemblée, et le but de ce complot fut de lui enlever, comme corps politique, le patrimoine dont il était à la fois copropriétaire et dispensateur dès avant même la formation de la nation française.

On ne peut trop le remarquer : Détruire l'ascendant moral du clergé et son action sur les masses a été la pensée directe de cette dépossession. Pour s'en convaincre, il suffit de se rappeler que cette Assemblée, se plaçant entre deux faits relatifs à ce même corps, sa destruction comme corps politique et son maintien comme ordre sacerdotal, confisqua les biens de l'institution religieuse, sous prétexte qu'ils appartenaient au corps politique. Comme si le sacerdoce chrétien n'avait pas existé avant d'être en France un corps politique ; et comme si le droit national, au nom duquel on décréta cette dépossession, n'était pas primé par la possession religieuse, antérieure même à l'établissement de la nation franque : nous le répétons à dessein.

L'Assemblée de 1789 feignit de ne pas agir à un autre point de vue cependant. Elle eut l'air de ne revendiquer que le sol qui appartenait à la nation ; et de ne déposséder qu'un corps politique ; au fond, elle dépouillait l'institution sacerdotale ; et c'est surtout dans les mains de celle-ci que cette dépossession était consommée. Et la preuve que cette Assemblée ne se fit pas illusion, la preuve qu'elle agit ici en parfaite connaissance de cause et avec une préméditation arrêtée; c'est que si elle eût voulu atteindre, dans le clergé, le corps politique, elle aurait poursuivi cette même dépossession dans la noblesse, dont elle venait aussi d'anéantir les priviléges. Or, c'est ce qu'elle n'a pas fait. Elle a respecté dans la noblesse les biens d'origine féodale, d'origine violente et moderne; et elle a enlevé au clergé les biens d'origine immémoriale, d'origine religieuse et sacrée; elle a confisqué quinze siècles et plus de legs et de dons inviolables.

Cette conduite de l'Assemblée fut un attentat, le plus criminel envers la plus respectable des propriétés; et c'est ainsi que, contrairement au principe qu'elle venait de proclamer sur la propriété, cette Assemblée se laissa aller à la plus odieuse usurpation de celle-ci.

Cet acte porta même en soi un caractère qu'ont rarement les usurpations, celui de la lâcheté. En effet, l'Assemblée l'accomplit avec la conviction que le corps qui la subissait ne soulèverait pas le pays pour défendre son droit, quelque sacré qu'il fût.

Ce n'est donc pas le droit national qui a décidé ici, c'est la politique qui a agi.

Et quel a été son organe? Quels ont été les soutiens de cette politique spoliatrice?

Il est trop intéressant de connaître les acteurs de ce drame parlementaire, pour ne pas entrer dans sa combinaison ténébreuse et ses péripéties.

C'est un homme appartenant à l'ordre du clergé, et devenu depuis un des diplomates de l'époque, M. de Talleyrand-Périgord, qui a pris cette initiative. Il en a lui-même exposé le plan et formulé le résultat. Il était alors à son début politique; on crut à son ingénuité. Cependant on aurait dû juger le système en considérant quels furent ceux qui lui prêtèrent appui.

Voici ce projet habilement présenté, plus perfidement amené à exécution :

Séance du 10 octobre. — Projet de dépôt et motifs présentés par l'évêque d'Autun (*Moniteur,* tome 1ᵉʳ).

« Pour relever l'ordre dans les finances et la
» splendeur du royaume, il est une ressource im-
» mense qui peut s'allier avec le respect pour les
» propriétés : elle existe dans les biens du clergé.
» — Le clergé n'est pas propriétaire à l'instar des
» autres propriétaires. La nation, jouissant d'un
» droit *très-étendu* sur tous les corps, en exerce
» de réels sur le clergé. Elle peut détruire les
» agrégations de cet ordre qui pourraient paraître

» inutiles à la société, et nécessairement leurs
» biens deviendraient le juste partage de la nation.
» Elle peut même anéantir les bénéfices sans fonc-
» tions. Elle peut donc prendre en ce moment les
» biens de cette nature qui sont vacants et ceux
» qui vaqueront par la suite. Mais peut-elle ré-
» duire les revenus des bénéficiers vivants, et
» s'en approprier une partie? J'ai longtemps mé-
» dité mon opinion, je m'en suis défié, mais je
» n'ai pu parvenir à douter de sa justice.

» Quelque sainte que soit la nature d'un bien
» possédé sous la loi, la loi ne peut maintenir que
» ce qui a été ordonné par les fondateurs. Nous
» savons tous que la partie de ces biens néces-
» saire à l'existence des bénéficiers *est la seule*
» *qui leur appartienne;* le reste est la propriété *des*
» *pauvres et des temples.* Si la nation assure *cette*
» *subsistance,* la propriété des bénéficiers n'est pas
» attaquée. *Si elle prend le reste à sa charge;* si
» elle ne puise dans cette source abondante que
» pour soulager l'État dans sa détresse, l'intention
» des fondateurs est remplie, et la justice n'est
» pas violée. — La nation peut donc 1° s'appro-
» prier les biens des communautés religieuses à
» supprimer, en assurant la subsistance des indi-
» vidus qui les composent; 2° s'emparer des bé-

» néfices sans fonctions; 3° réduire dans une por-
» tion quelconque les revenus actuels des titulaires
» *en se chargeant des obligations* dont ces biens ont
» été *frappés dans le principe...* La nation devien-
» dra propriétaire *de la totalité* des fonds et des
» dîmes du clergé dont cet ordre *a fait le sacrifice.*
» Elle assurera au clergé les deux tiers de revenus
» de ces biens. Il existe en France quatre-vingt
» mille ecclésiastiques dont il faut assurer la sub-
» sistance... Ils doivent avoir en général douze
» cents livres chacun[1]. »

Il faut donc reconnaître, d'après cet exposé,
que la totalité des biens dits ecclésiastiques était

---

[1] Voici l'exécution de ce plan tel qu'il fut exposé à la suite de
ces motifs. Les 70 millions (minimum) du revenu des biens du
clergé forment un capital de 2 milliards. En employant 500 millions de la vente de ces deux milliards au remboursement des
50 millions de rentes les plus onéreuses et 500 millions au remboursement des offices de judicature, soit ainsi *un milliard,*
reste le second milliard. Par d'autres remboursements (qu'on n'a
pas indiqués), il se trouve un excédant de 71 millions, avec
lesquels le reste de la gabelle sera détruit. L'intérêt de la dette du
clergé sera payé, et 35 millions non employés formeront le premier fonds d'une caisse d'amortissement. — Récapitulation de
l'emploi : 1° le clergé sera doté; 2° 110 millions de *rentes* via-
gère et perpétuelle seront éteints; 3° le déficit sera comblé; 4° le
reste de la gabelle éteint; 5° la vénalité des charges supprimée.

Observations. — Les charges se vendent encore, 'amortissement est détruit; et la part des pauvres dans cette distribution,
où est-elle? — Eux qui étaient pour plus du tiers dans la propriété de ces biens. — L'auteur du projet n'en parle pas, l'Assemblée n'y a pas songé non plus.

de trois natures, et que ces biens se divisaient en biens personnels du clergé, en biens des pauvres et en biens des temples.

Dans le débat, personne n'est sorti de cette distinction, personne ne l'a contestée.

Mais cette division, qui aurait dû arrêter une Assemblée consciencieuse, ne fut qu'une distinction inutile. On voulait tout emporter. Et les pauvres et les temples n'ayant là que quelques organes, il fut facile de prévoir la fin de ce débat.

La lutte s'engagea donc vive, saisissante, gigantesque. Jamais aucun parlement ne déploya autant de profondeur de talent et de variétés d'éloquence. Toutes les parties vitales du pays y furent aux prises et se montrèrent dignement : prélats, nobles, philosophes, légistes, publicistes, orateurs, de tout rang et de tout ordre.

En vain les hommes les plus éminents de l'épiscopat et du clergé font les plus saintes, les plus terribles protestations; en vain ils s'appuient sur cette distinction du projet pour arrêter un vote collectif: « Cette question n'est pas de votre ressort, » s'écrie l'abbé Maury dès le début de la lutte. » Expliquez-vous donc : car, avec vos principes, » je vais vous prouver que vous conduisez à la » loi agraire. En effet, toutes les fois que vous

» remonterez à l'origine des propriétés, *la nation*
» *y remontera avec vous;* elle se placera à l'épo-
» que où elle est sortie des forêts de la Germanie,
» et demandera un nouveau partage... Quelle
» propriété serait assurée si, aujourd'hui, ce que
» nous avons défriché, ce que nous avons acquis,
» ce que l'on nous a donné, nous est enlevé. Vous
» pouvez nous enlever le droit d'acquérir; mais
» ce que nous possédons, vous ne pouvez y tou-
» cher sans remettre tout en question. »

A son tour, l'évêque d'Uzès, Mgr de Béthisy,
vient renouveler à peu près les mêmes protestations.
« Si la propriété n'est plus sacrée, s'écrie-t-il, le
» peuple peut demander une nouvelle loi agraire.
» Quelle force une telle spoliation ne donnerait-
» elle pas à une telle demande! le clergé est pro-
» priétaire. Le don libre, les acquisitions, le tra-
» vail sont ses droits de propriété. Tout ceci est
» bien mieux expliqué et prouvé par l'ouvrage de
» M. Sieyès, qui a pour titre : *Observations sur*
» *les biens du clergé*; et il n'y a rien à ajouter à ces
» preuves irrécusables. »

Enfin le vénérable évêque de Nîmes, de Ba-
lore, ajoute cette protestation suprême aux deux
autres : « Devons-nous craindre que, par un nou-
» veau système, on veuille faire passer pour

» justice ce qui ne serait qu'une flétrissante spo-
» liation ? *Les pauvres verraient donc consacrer* à
» payer les dettes de l'État *ce qui leur appartient*
» *dans les biens du clergé ! vous voudrez les dédom-*
» *mager !...* Mais leur donnerez-vous une hypo-
» thèque aussi sûre ?... Et quand la nation se retrou-
» vera dans des circonstances désastreuses pour les
» citoyens, *pour les pauvres surtout,* qui viendra
» au secours de ces derniers ?... Nos sacrifices of-
» ferts à la nation seront pour nous la plus grande
» des jouissances. Attendez tout de nos privations
» personnelles. *Mais n'espérez rien du patrimoine*
» *des pauvres et de celui des autels.* Non , jamais
» nous ne donnerons consentement à une usur-
» pation de cette nature ! »

Telles sont les hautes protestations qui se firent
alors entendre. Mais que pouvaient ces nobles et
saintes paroles contre la conjuration la plus redoutable, celle des talents et des apostasies réunis
dans le même but de destruction? Car c'est ce
qu'on vit dans cette circonstance.

Le vote fatal eut lieu, et ce fut la plus grave
conséquence des résolutions de la nuit du 4 août.

CHÀPITRE III.

Le droit des pauvres à une partie des biens nommés biens du clergé est incontestable. Le projet de décret le reconnaît tout d'abord; il en fixe la proportion à un tiers, et d'ailleurs les titres en sont partout : dans l'histoire, dans les contrats constitutifs des fondations; et ces titres sont confirmés encore par le témoignage de ceux qui ont le plus contribué à la dispersion de ce patrimoine.

Il n'est pas de race royale, il n'est pas de roi en France qui n'ait maintenu ou élargi, par une ordonnance ou un règlement, le droit des pauvres aux biens constitués en leur faveur. Il n'en est pas un qui n'ait ajouté lui-même à ce patrimoine. Tous ont respecté la part sacrée des pauvres au sol de France.

Le témoignage historique remonte plus haut; il se

perd dans la nuit des premiers siècles chrétiens ; il
se confond avec l'origine du christianisme.

Constantin-le-Grand dota les malheureux d'une
partie du butin de ses conquêtes, et depuis lors
il faudrait citer non-seulement tous nos rois, de
Clovis à saint Louis, de Louis-le-Juste au dernier
des Capétiens, mais encore tout chef d'une race
noble, tout homme que les événements de la vie
favorisèrent, si on voulait nommer ceux qui lais-
sèrent un don aux pauvres et aux autels. Ces
actes sont la plus grande gloire de l'histoire moderne et l'enseignement le plus religieux qu'elle
offre. L'homme et l'humanité se retrouvent dans
ces legs pieux, dans ces souvenirs recommandés
à l'indigence et à la prière. La foi de ces temps
était ainsi. Quiconque avait pesé sur ses sembla-
bles par son épée ou ses passions, se sentait pressé
de racheter, à ses derniers moments, ses exactions
ou ses faiblesses ; et la fin de la vie effaçait ainsi
bien des misères humaines.

Il fallait respecter cette dernière volonté des siècles ; cette tradition de la foi chrétienne par la charité, qui ne perd jamais son caractère fraternel,
même en venant de la sommité sociale. Voilà ce
que l'Assemblée de 89 n'était plus en position de
comprendre. Poussée par l'élan des idées nou-

velles, elle ne vit pas ce qu'il y avait d'odieux et de sacrilége dans la confiscation qui lui était demandée ; et cependant l'histoire et le tombeau des aïeux étaient là pour le lui rappeler.

Mais le texte historique n'était pas isolé, il n'était pas seulement écrit dans les livres du passé ; et il n'y a pas que cette première preuve en France pour attester la légitimité de ce patrimoine.

Il n'existe peut-être pas une seule paroisse en France, datant de quelques siècles, qui n'offre encore, à l'heure qu'il est, les restes ou les ruines de quelqu'une de ces fondations de nos pères ; il n'en est pas qui ne rappelle ces pieux souvenirs. Un grand nombre d'entre elles doivent leur nom à un bienfait d'outre-tombe. Voilà ce qui est pareillement hors de doute.

Quant à la légitimité de ces dons, oh ! jamais on n'en parla qu'avec respect.

Ceux qui disposèrent de la sorte n'étaient-ils pas maîtres absolus, en droit comme en fait, de ce dont ils dotaient les pauvres et les temples ? Tous n'avaient-ils pas le droit d'inscrire en tête de leur acte suprême cet axiome romain dont l'application était passée chez nous : *Ma dernière volonté* sera respectée *comme loi : Quidquid jusserit testator, ità jus estò.*

Les pauvres comme les temples furent donc investis, et investis légalement de la partie des biens
affectée à leurs besoins et à leurs misères par les
fondateurs de ce patrimoine. Notre histoire et notre
sol en témoignent hautement et partout. Inutiles
dès lors de remuer les textes ; ce que nous rappelons et la conscience publique en disent assez.

Examinons brièvement les clauses des contrats
eux-mêmes. Comme on l'a observé devant l'Assemblée dont nous parlons, tous sont formels et explicites à cet égard : « Je considère d'abord, dit le re
» présentant Malouet, d'où proviennent les biens
» dits du clergé. Qui est-ce qui a donné, qui est-ce
» qui a reçu, qui est-ce qui possède ?

» Je trouve des fondateurs qui instituent, des
» églises qui reçoivent, des ecclésiastiques qui
» possèdent sous la protection de la loi. Je trouve
» que le droit du donateur n'est pas contesté, qu'il
» a stipulé les conditions de sa donation avec une
» partie contractant l'engagement de les remplir,
» que toutes ces transactions ont reçu le secours,
» la sanction de la loi, et qu'il en résulte diverses
» donations assignées aux frais du culte, à l'en
» tretien des ministres, *au soulagement des pauvres.*
» Je trouve alors que ces biens sont une propriété
» nationale, en ce qu'ils appartiennent *collective-*

» *ment au culte* et *aux pauvres* de la nation.

» Mais chaque bénéficier n'en est pas moins *pos-*
» *sesseur légitime* en acquittant les charges et con-
» ditions de la fondation. Le clergé possède, voilà
» le fait. Ses titres sont sous la garde de la nation ;
» mais la nation n'exerce par elle-même ni ses
» droits de propriété, ni ses droits de souveraineté ;
» et ses mandataires ne pourraient, sans un *man-*
» *dat spécial,* anéantir le culte public et les dota-
» tions qui lui sont assignées ; mais seulement en
» régler mieux l'emploi, en réformer les abus et
» disposer pour les besoins publics de tout ce qui
» se trouverait excédant au service des autels *et*
» *au soulagement des pauvres...* » Il ajoute : « Il est
» nécessaire de satisfaire à tous les besoins qui
» nous pressent... Parmi ces besoins, je place au
» premier rang le secours *urgent à donner à la*
» *multitude d'hommes qui* manquent de travail et
» de subsistance... Les lois sur la propriété re-
» montent à la fondation des empires. Les lois en
» faveur de ceux qui ne possèdent rien sont encore
» à faire... Il faut lier la cause des pauvres à celle
» des créanciers de l'État... *L'aliénation générale*
» *des biens du clergé* me paraît absolument impos-
» sible. J'estime qu'elle ne serait ni juste ni utile. »

Nous citons cette opinion remarquable dans son

ensemble, parce qu'en outre qu'elle établit parfaitement les conditions générales de ces contrats de fondation, elle est peut-être en soi la plus juste et la plus acceptable des opinions qui se produisirent; elle conciliait tout, le droit des pauvres et le droit de la nation, la réforme utile et l'aliénation raisonnable, le passé et le présent, la cause du pauvre enfin avec celle du créancier de l'État. Grande idée, problème supérieur qu'il s'agit encore de méditer, et qu'il faut définitivement résoudre.

Un autre représentant, ou plutôt un député de la Flandre, à l'effet d'assister à cette discussion, a parfaitement défini aussi les caractères sacrés de ces contrats de fondations. « Les biens ecclésiasti-
» ques, dit-il, sont *res sacra, res religiosa, res*
» *nullius.* Ce sont des donations faites à Dieu, *Do-*
» *mino Deo, non alteri...* Et nos ancêtres vouaient
» à l'anathème quiconque touchait à ces dons. »

» *S'agit-il de leur destination?* Elle est indiquée
» par la fondation elle-même. C'est bien là un con-
» trat, dont nul ne peut violer les clauses. Or, la
» destination des biens dont il s'agit est le culte, qui
» consiste dans *la prière,* l'aumône et *l'entretien*
» du ministre..... Tous ces contrats portent : *Je*
» *donne* à la condition que l'on fera pour moi telle
» prière à tel jour ; *je donne* à la condition que l'on

» secourra tant de familles, tant de pauvres de
» telle paroisse; *je donne* à la condition que l'on
» fondera tel *hospice*, ou tant de lits dans tel
» *hospice*. En un mot, partout le texte oblige en
» augmentant le patrimoine de l'indigence. »

Les contrats sont donc confirmatifs de l'histoire : ils lui prêtent leur texte légal, complémentaire du sien. Il n'est pas possible d'asseoir un droit sur de plus puissants témoignages; et de fonder un patrimoine sur une plus longue succession de siècles.|

Il appartenait à ce patrimoine de ne pas rencontrer un seul adversaire qui osât nier sa légitimité, parmi ceux mêmes qui ont le plus vivement insisté pour l'enlever des mains de ses anciens possesseurs. Les plus violents adversaires du clergé ont reconnu le droit des pauvres. Où en trouver une plus puissante confirmation, une sanction plus définitive?

Un seul de ces adversaires, celui qui avait introduit le plus de métaphysique légale dans cette discussion, a inventé pour dernier argument la violence; légitime conclusion de l'erreur. Le représentant Touret, c'est celui-là, a fini par cette phrase, en répondant à l'un des discours du représentant, alors abbé Maury, qui avait dit : *On vous répète que vous êtes forts;* si vous êtes *forts,* c'est sans doute pour nous protéger et non nous spolier ; — Touret a fini, disons-nous, par cette phrase : *Quand l'ouvrier ne trouve plus son instrument bon, il le brise.* Voilà la dernière raison de la métaphysique : l'allusion était suffisamment claire; on n'argumente plus après un tel raisonnement. Mais, à part cet adversaire qui s'est tu sur ce droit, tous l'ont reconnu, tous l'ont acclamé.

C'est Chasset, avocat, qui s'écrie : « A qui ap-
» partiennent donc ces biens? ce n'est pas au
» clergé qui ne les a pas acquis, qui est un corps
» moral : aux pauvres?... L'État ne doit-il pas
» nourrir les pauvres? »

C'est l'abbé Grégoire qui soutient que le clergé n'est pas propriétaire, qu'il n'est que « dispen-
» sateur, » et que « ces biens doivent revenir aux
» fondateurs, si les fondations ne sont pas exécu-
» tées, ou *être remis aux héritiers s'ils sont dans
» la détresse, parce que, alors, ils sont les premiers
» pauvres du bénéfice.* »

C'est Garat jeune, qui dit, après avoir contesté le droit du clergé : « Une tradition sacrée, qui
» remonte à l'origine du christianisme, énonce
» que les biens possédés par le clergé sont le pa-

» trimoine des pauvres; les termes des fondations
» le déclarent en général. »

C'est Dupont, conseiller au parlement de Paris,
qui résume en ces termes ses opinions : « Ceux qui
» en jouissent pour eux ne sont que de simples
» administrateurs. Je réclame les différents canons
» qui déclarent qu'il n'appartient aux ecclésias-
» tiques que ce qui leur est strictement nécessaire.
» *Le reste appartient aux pauvres.* Voilà, dit-il, la
» véritable définition des biens ecclésiastiques.
» Après cela, il reste à savoir si la nation, *en se*
» *mettant à la place du clergé, en faisant mieux*
» *acquitter les fondations, en soulageant mieux les*
» *pauvres*, peut s'emparer des bénéfices. — Il *faut*
» *soulager les pauvres*, parce qu'il leur est dû. » —
C'est là le fond de cette opinion remarquable à plus
d'un titre.

C'est Barnave, à son tour, qui s'élance en
s'écriant : « Il est certain que ces fondations ont
» pour objet unique, d'abord, le soulagement des
» pauvres, le culte divin et l'entretien des ministres;
» mais il n'est pas moins certain que si la nation
» se charge de ces objets elle rentre dans la pro-
» priété des biens qui y étaient destinés... L'éga-
» lité, détruite par cette grande suppression, doit
» être rétablie; le clergé n'en souffrira pas... »

Pourquoi n'ajoute-t-il pas, ici, les pauvres que ces fondations avaient surtout pour but de soulager?

Enfin le grand orateur lui-même, Mirabeau, dans son premier et son second discours, car il parla deux fois, conclut chaque fois de la même manière, et ainsi : « Mon objet n'a pas été de montrer » que le clergé doit être dépouillé de ses biens, ni » que d'autres citoyens, ni que des acquéreurs » dussent être mis à sa place.

» Je n'ai pas non plus entendu que les créan- » ciers de l'État dussent être payés par les biens » du clergé, puisqu'il n'y a pas de dettes plus » sacrées que les frais du culte, l'entretien des » temples et l'*aumône des pauvres*. Je n'ai pas » voulu dire non plus qu'il fallût priver les ecclé- » siastiques de l'administration des biens et des » revenus dont le produit doit leur être assuré. Et » quel intérêt aurions-nous à substituer les agents » du fisc à des économes fidèles, et des mains » toujours pures à des mains souvent suspectes. » Qu'ai-je voulu démontrer? Une seule chose; » c'est qu'il est et doit être de principe que toute » nation est seule et véritable propriétaire des » biens de son clergé. »

Et pourquoi, grand orateur, n'avoir pas osé conclure tout à fait? Les biens du clergé, vous le saviez, ne formaient qu'une partie du domaine ecclésiastique. Il y avait la partie des pauvres aussi, et vous n'en parlez pas. Ah! votre courage, ou plutôt votre philanthropie, n'a pu aller jusque-là. Vous aviez voulu frapper le clergé surtout, vous l'avez foulé aux pieds, dans ce morceau d'*impérissable éloquence humaine;* votre but était rempli. Mais la portion des pauvres, comment en disposer? Vous n'en avez rien dit; vous ne vouliez que faire accepter le principe, dites-vous, et vous saviez bien que ce principe admis, tout l'édifice des temps, tout ce patrimoine de la charité de nos pères s'engloutissait et disparaissait dans le commun naufrage. Et voilà ce qu'a produit votre éloquence.

Mais le droit des pauvres était incontestable, et leur patrimoine certain, connu.

Que devait stipuler l'Assemblée si elle voulait en déposséder le clergé, et arracher ces biens des mains de ceux qui, n'ayant pas de famille et d'intérêt terrestre, n'avaient nulle raison pour ne pas les distribuer avec équité et charité?

Elle devait faire ce que quelques-uns de ses membres, Malouet entre autres, avaient proposé : Elle devait faire estimer la partie du patrimoine affectée aux pauvres; et c'était d'une facile exécution, en présence des contrats et des objets alors existants. Elle devait faire pour ces biens ce qu'elle a fait pour le rachat des offices de judicature, qui avaient été aussi dans l'origine des fondations. Elle devait constituer aux pauvres, sur le grand-livre de la dette nationale, une inscription de rente perpétuelle, collective, équivalente à cette partie, et divisible entre chaque paroisse au prorata du droit de chacune. C'est ce que le projet de l'évêque d'Autun entendait positivement, puisqu'il contenait ces paroles : *En se chargeant des obligations dont ces biens ont été frappés dès le principe.* C'est aussi ce que laisse entrevoir la conclusion muette de Mirabeau, mais implicite à cet égard. Or c'est ce qui n'a pas été fait. L'Assemblée n'a ni ordonné l'estimation de ces biens, ni ne les a remplacés par un équivalent; en cela, elle a laissé se consommer la plus grande iniquité des siècles, la plus révoltante, la plus subversive de la paix publique, certainement, car de ce moment, si le cri du pauvre s'est trouvé sans écho légal sur le sol de France, si la nécessité d'une réparation égale à la spoliation n'a pas été jusqu'ici démontrée, le droit n'en a pas moins survécu, il ne s'est pas moins maintenu au-dessus de toutes nos ruines, et ce droit n'en pèse pas moins de plus en plus sur le pays tout entier.

En vain toutes les conceptions seraient tentées et toutes les satisfactions données au travail. Tant que l'énormité spoliatrice de l'Assemblée de 89 ne sera pas réparée, le sol tremblera dans ce pays. Et cela, parce qu'il n'y a pas de droit contre le plus sacré des droits, parce qu'un vote inconsidéré, injuste, ne pourra jamais prévaloir contre la volonté réunie de trente générations. Ah! nous ressentons bien aujourd'hui les effets de cette parole : *Per ablationes rerum, conjurationes instituuntur;* c'est par la spoliation qu'on marche à d'incessantes secousses [1].

Dira-t-on que le temps a marché, qu'il y a soixante ans que l'acte spoliateur a été accompli, que la prescription est acquise? On oublie donc qu'il a suffi, aux termes du droit, que trois existences d'enfants pauvres se soient superposées pour arrêter cet effet monstrueux de la prescription? On oublie donc que ce grand intérêt indivis a été pré-

---

[1] C'est bien le cas de rappeler, en regard de cette vérité, ces autres paroles adressées en juin 1788 au conseil de l'infortuné Louis XVI (*Moniteur*) :

« Un projet utile en soi, à toutes les classes de citoyens, peut » devenir funeste à une nation et nuisible pour bien des siècles. » Causer un grand mouvement convulsif, c'est agiter la masse » nationale, qui s'en ressent toujours longtemps. Les grandes in-» novations doivent être insensibles. Si vous anéantissez et créez » tout à la fois, vous empirerez le mal et corromprez le bien. »

servé par cette succession non interrompue de minorités indigentes?

La prescription dès lors est ininvoquable. Et qui donc oserait l'invoquer? Revenons plutôt, revenons à la justice; réparons, réparons largement, il en est temps encore, et cela est possible.

CHAPITRE IV.

CONSIDÉRATIONS QUI DOIVENT DÉTERMINER L'ÉTAT A RÉPARER
CETTE INJUSTICE.

Des considérations de premier ordre doivent déterminer l'État à réparer aujourd'hui cette injustice commise. Nous allons déduire les principales :

Du moment où cette spoliation, que nous n'avons plus le courage de caractériser tant elle est flétrissante, fut consommée, réparation était due à ceux qui en ont souffert, à ceux qui en souffrent depuis soixante ans; et cette réparation était due, dès le principe, par une indemnité équivalente à la perte, ainsi que cela s'est pratiqué pour toutes les usurpations de ce genre, comme elle est due encore en ce moment.

Par quel motif donc celle-ci a-t-elle éprouvé un retard? Nous craignons de le dire : serait-ce par suite de cette indifférence pour le sort des masses ; peut-être aussi ne s'est-il pas trouvé un organe suffisamment convaincu de la légitimité de ce droit, et assez puissant pour le faire prévaloir.

Et cependant, par une heureuse circonstance, l'un des premiers et des plus influents ministres de la Restauration se trouvait précisément être, dans cette Assemblée de 89, l'un des plus ardents défenseurs du patrimoine des pauvres ; c'est celui-là à qui Mirabeau avait voulu spécialement répondre, celui-là qui avait pris corps à corps le légiste Touret, après qu'il eut conclu de la métaphysique du droit de l'État à la violence par l'État ; ce ministre c'est l'abbé de Montesquiou, l'un des auteurs de la Charte. Mais, revenu après vingt-cinq ans de malheurs et d'exil, chargé d'ans et d'ennuis, le noble organe de ce droit oublia que c'était à lui de le revendiquer et d'amener sa réparation, comme d'autres ont insisté pour la loi du 5 décembre. Le ministre n'eut pas l'énergique équité du représentant. Ce fut la grande faute de ce ministre ; disons plus, ce fut la plus grande faute que ce gouvernement pût commettre ; car, si au moment de son retour, la légitimité se fût souvenue de cette spoliation, comme elle s'est souvenue d'une autre ; si elle avait été juste jusque-là, nul doute que la solidarité entre elle et la nation ne fût devenue absolue, indivisible; nul doute qu'elle n'y eût puisé sa plus grande puissance d'initiative et d'avenir. Elle ne le comprit pas, et on ne le comprit pas pour elle.

Sous le gouvernement de juillet, même silence à l'égard.de ce droit, même absence de protestation en sa faveur. Et cependant ce gouvernement a cherché par plus d'un acte, à son origine, à se rattacher les sympathies populaires. Ce sentiment de haute justice lui a également manqué; le temps des indemnités lui parut passé.

Peut-être appartenait-il à un gouvernement d'origine démocratique de réparer un des plus grands désastres commis au nom du droit national absolu. Peut-être appartenait-il au vote d'une assemblée issue du peuple d'effacer le mal commis par un vote émané des faux amis du peuple. Ce qui est certain, c'est que cette œuvre incombe au Gouvernement d'aujourd'hui. S'il tient à faire quelque chose de grand, de moral pour le peuple, qu'il fasse ceci. Du reste, il le doit à plus d'un titre et pour plusieurs motifs. Il le doit d'abord, parce que c'est lui, État, qui a profité de cette dépossession. Le décret de 89 ne l'a pas rendu simplement usufruitier, ou plutôt dépositaire, il l'a rendu propriétaire, mais propriétaire chargé de plusieurs obligations, celle de payer des charges annuelles, et celle d'éteindre des dettes exigibles. Comment a-t-il agi? De la plus odieuse manière, de la façon la plus immorale.

Propriétaire, il a mal administré, mal vendu; chargé d'une dette sacrée, il ne l'a pas acquittée consciencieusement. C'est ainsi qu'une grande injustice en enfante d'autres.

L'État, disons-nous, a mal administré et mal vendu. Le domaine auquel il a livré cette administration s'est trouvé tout à coup surchargé, insuffisant pour cette administration. Puis les mains que redoutait Mirabeau, les mains du fisc, se sont emparées de la proie, et elles ont vendu comme bon leur a semblé, malgré le décret de la Convention qui prescrivit des formes à ces ventes. D'odieuses pratiques ont eu lieu, une déprédation secrète, sinon ostensible, a exploité souterrainement; et qui pourrait compulser à cet égard les seules archives de la ville de Paris, où en sont encore d'innombrables traces, en frémirait d'indignation! Il faut le dire cependant, c'est dans les régions secondaires que ceci s'est pratiqué; à chacun sa responsabilité de l'odieux de ces temps. Voilà pour la façon dont l'État a géré et vendu.

Quant à celle avec laquelle il a acquitté ses charges acceptées, voyons : d'abord, sur la masse de rentes qu'il devait éteindre, ne pouvant plus, par suite de la mauvaise gestion et des ventes à vil prix du fisc, s'en exonérer intégralement, un nouveau décret spoliateur est venu à son aide, et on a réduit les deux tiers de ces rentes au moyen de cette création nommée ironiquement *le tiers consolidé.* De cette manière, sur les cent millions *de rentes* que l'État, aux termes du programme de l'évêque d'Autun, devait éteindre, le second décret le déchargea de soixante-six millions de ces rentes. Quant à la seconde partie de son obligation, celle d'acquitter annuellement aux quatre-vingt mille ecclésiastiques de France les 1,200 fr. de rente convenus, celle d'entretenir les temples et de soutenir l'infortune des pauvres, voyons : les pauvres, il ne s'en est pas souvenu ; les temples, il les a bientôt dévastés : il les a restitués au culte, dépouillés et nus. Quant aux ministres, ne parlons pas de ce qu'ils sont devenus, de ce qu'on leur a donné ; disons seulement : on devait assurer 1,200 livres de rente à quatre-vingt mille ecclésiastiques. Il n'en existe en France, en ce moment, que la moitié à peine. Sur ce nombre, 3,600 environ reçoivent seulement cette rente de 1,200 fr., ce sont les curés des chefs-lieux de canton ; encore aux yeux de l'État n'est-ce pas comme indemnitaires, mais comme fonctionnaires qu'ils les reçoivent. Les desservants de paroisses n'en touchent que la moitié ou les deux tiers, et le reste, simples vicaires, rien du tout ! Est-ce cela de la justice ? est-ce cela une conduite qui mérite le suffrage des siècles ? Ah ! c'est par la violation et le dédain de tous les droits, chez un peuple, qu'on le démoralise, qu'on lui fait croire au droit de la force et à la *légitimité du but*. C'est par une telle conduite de la part d'un État que les idées sur la propriété s'affaiblissent et que des esprits plus malades qu'ardents se prennent à rêver la ruine de ce principe par la ruine de la conscience publique. Que pouvait-il sortir de tant de violations sacriléges, de tant de déprédations accumulées, sinon un affaiblissement proportionnel du sens moral ? Ce qui est surprenant, peut-être, c'est que cet affaiblissement ne soit pas encore allé plus loin.

Ainsi, tout le monde, à quelques exceptions près, a souffert, a été dépouillé par suite de cette spoliation : les pauvres dans leur patrimoine, les créanciers de l'État dans leurs rentes, les ecclésiastiques dans leur subsistance même.

Mais continuons :

L'État, au point de vue d'avoir profité, n'est pas le seul qui soit tenu à réparer. Paris et les grandes cités de France sont tenus, à ce titre, de rendre une partie de la spoliation, d'indemniser pour une quote-part.

La ville de Paris, notamment, c'est un fait, a profité d'une masse de propriétés dotées de fondations au profit des pauvres. C'est le domaine de l'État qui lui a fait don de ces propriétés. Elles lui avaient coûté si peu qu'il pouvait facilement être libéral. Il donna donc à ces villes une partie des grands édifices conventuels et, de plus, presque tous les terrains dépendants de ces fondations. Il est peu de villes qui n'aient reçu de ces munificences du domaine; mais Paris surtout en a tiré de grands bénéfices. Ces donations furent faites à la ville de Paris, à la charge par elle de réserver sur les terrains vendus des portions destinées à devenir des rues nouvelles. C'était y provoquer de nouvelles constructions sur une large échelle, et c'est ce qui eut lieu. Ces terrains vagues se sont couverts de nouvelles maisons qui ont produit, pour la ville, de grands bénéfices par le droit qu'il a fallu lui payer sur les matériaux; et ces bénéfices se sont accumulés et se multiplient à l'infini aujourd'hui, par suite de ce que payent d'impôts ceux qui les habitent, soit pour leur patente, soit pour les denrées qu'ils consomment. Paris n'est certainement devenu ce qu'il est, comme grandeur et comme population, que par l'effet de ces donations gratuites. Pour ne citer qu'une seule de ces donations et en donner un aperçu par un seul fait, les terrains dépendant de la maison conventuelle des Dames de la Visitation Sainte-Marie, donnant rue du Bac et rue de Grenelle-Saint-Germain, ont été vendus plus de cent mille francs; et bien que la ville ait refusé jusqu'ici d'exécuter les termes de la donation à sa charge, c'est-à-dire d'ouvrir des rues formant croix, ces terrains ne s'en sont pas moins couverts de constructions qui valent des millions, et ceux qui les habitent n'en payent pas un revenu moindre, *sur tout ce qui les impose*, de cinquante mille francs par an. C'est donc ici plus d'un million de capital que Paris a reçu par cette donation. Il en a reçu un très-grand nombre, de cette importance.

Paris donc, comme donataire et comme ayant accepté et comme jouissant depuis soixante ans bientôt, est tenu d'indemniser. En vain dirait-on que comme ville il est réputé mineur, la donation était bonne; ses administrateurs l'ont acceptée, il est tenu de ses charges. Or, la charge ici est de réparer; du reste, ce lui sera possible et facile. A qui doit-il? Aux pauvres. Il donne aux pauvres chaque année. Qu'il change son titre, qu'il ne se dise plus bienfaiteur mais débiteur, et il donnera plus régulièrement, plus justement, et ce qu'il donnera ne sera plus *une aumône* : ce sera la plus légitime indemnité.

Paris et la plus grande partie des villes de France se trouvent donc obligés, solidairement, à reconstituer le patrimoine dont nous parlons.

Mais ce n'est pas seulement sous le rapport du lien étroit et sacré du droit, ce n'est pas seulement comme possédant encore une partie des biens usurpés que l'État est tenu de réparer, c'est à d'autres titres qu'il doit cette réparation sacrée. Il doit faire dans cette circonstance ce qui a été fait dans plusieurs autres identiques au point de vue du droit : là où la même cause exista, là le même résultat doit suivre.

Or, c'est ainsi qu'on a agi vis-à-vis les émigrés de 1792, vis-à-vis les anciens colons français à Saint-Domingue, vis-à-vis messieurs les sociétaires du Théâtre-Français. On sait ce qui a eu lieu à l'égard des émigrés dont la succession avait été

déclarée ouverte par le seul fait de leur éloigne-
ment du sol au 1er janvier 1792.

D'abord a été promulgué le sénatus-consulte
du 6 floréal an X, qui rendit aux absents la vie ci-
vile, ceux de leurs biens invendus ou non affectés
à un service public. Ce ne fut qu'un commencement
de restitution.

La loi du 5 décembre 1814 ajouta à ce décret en
rendant aux émigrés tous les biens, meubles et
immeubles confisqués et séquestrés pour cause d'é-
migration, et les rentes foncières, et les rentes con-
stituées, et les valeurs publiques, les titres dus par
les particuliers et dont le domaine avait su aussi
se mettre en possession. On y ajouta le reliquat sur
les biens aliénés en fournissant la preuve du solde
dû par les acquéreurs.

Enfin est venue la loi du 27 avril 1825, qui ac-
corda à l'émigration une indemnité de trente millions de rentes, 3 p. 0/0 au capital d'un milliard,
pour les biens-fonds situés en France ou sur le ter-
ritoire de la France au 1er janvier 1792. Or, le
grand reproche fait à cette loi a été précisément
d'accorder le privilége d'une réparation à une seule
classe seulement des victimes de nos troubles civils. Et cependant aucune voix ne s'est élevée pour
les plus malheureux. Ils n'eurent aucun organe

alors, soit à la tribune, soit dans la presse, comme si les pauvres eussent disparu en France en même temps que leur patrimoine.

Le gouvernement de Juillet protesta contre cette loi de 1825, mais en consacrant le droit violé, mais en confisquant lui-même ce qu'il put, en prenant, pour l'État, le fond commun réservé à équilibrer la position des indemnitaires. C'est par la loi du 5 janvier 1831 que cette nouvelle atteinte fut portée au droit; on ne l'a pas suffisamment stigmatisée cette loi, mais on était encore dans un de ces moments où l'esprit public se trouve oblitéré par la commotion politique.

Une autre classe de citoyens s'est trouvée dépossédée par le contre-coup de notre révolution, ce sont les propriétaires français à Saint-Domingue. Conséquent au principe de sa loi de 1825, le gouvernement de la Restauration exigea une indemnité de ce nouvel État en faveur des dépossédés. Ce fut un acte de haute et ferme justice politique. Ce fut une des plus nobles actions de ce gouvernement. Partout et toujours le principe de la propriété violée doit recevoir satisfaction. Cette seconde classe de spoliés reçut donc ici la sienne.

Enfin, une troisième classe de citoyens ayant un titre spécial et une qualité spéciale a subi les effets de la dépossession pour une partie notable de biens qui lui appartenaient : ce sont messieurs les sociétaires de la comédie française. C'est encore l'État qui avait profité. Le chef de l'Empire, qui, comme consul, avait contribué au commencement de restitution faite aux émigrés par le décret de l'an X, prit ces biens dans un moment de détresse extrême. Louis XVIII fit inscrire au grand livre de la dette publique une dotation de 110 mille livres de rente au profit de messieurs les sociétaires du Théâtre-Français.

Voilà comment tous, excepté les pauvres, ont reçu leur indemnité. Mais examinons cette réparation à un nouveau point de vue, à celui de la sécurité et de la paix dans l'avenir.

A ce nouveau point de vue l'État est fortement engagé à vouloir et à faire cette restitution ; c'est son premier devoir, parce que le premier de tous pour un État, c'est d'amener la réconciliation des diverses classes de citoyens par une égale justice. C'est là le grand moyen indiqué par Malouet de lier la cause de ceux *qui ne possèdent pas* à celle de ceux *qui possèdent.* Suprême solution! suprême équité! Le terrible problème de l'avenir s'y trouve résolu. Avouons-le, les pouvoirs qui se sont succédé chez nous depuis soixante ans ont laissé perdre bien

du terrain de ce côté, et ce terrain, c'est le socialisme, moderne Attila, qui le gagne. Cette nouvelle puissance a compris de quel côté elle pouvait
surexciter les instincts de dépossession, et les gouvernements n'ont pas aperçu que cette soif d'en-
vahissement descendait dans les masses comme
elle y descendit jadis à Athènes et à Rome.

Ces instincts fermentaient déjà en 1789; sans
cela, cette assemblée constituante eût-elle osé dé-
créter la plus énorme des spoliations; eût-elle osé
se jeter dans le plus odieux des excès révolution-
tionnaires, l'expropriation des pauvres? Négligeant
ce que le judicieux Malouet lui conseillait, à savoir :
faire des lois pour ceux qui ne possèdent pas, afin
de lier la cause des possesseurs à celle des prolétaires, on n'a laissé aucune partie du sol français
sous les pieds de ceux-ci, et on ne les a rattachés
à rien, puisqu'on flétrissait la religion du même
coup. De cette manière, une masse de population
a été abandonnée flottante et comme suspendue entre les besoins dévorants du présent et les terreurs
de l'avenir... Les hommes du socialisme alors sont
venus : les sincères et les non sincères, ceux qui
voient en lui, faussement, la réalisation finale du
christianisme, comme ceux qui ne cherchent sous
son nom que l'instrument subversif du monde ac-

tuel, et après avoir attaqué les consciences mauvaises de ce côté, ils y ont trouvé accès et sympathie. Ils se sont créé un parti, un parti redoutable;
pouvait-il en être autrement? Qu'on ose le contester!
Le socialisme a donc trouvé sa plus grande force
dans l'incurie et l'apathie des derniers gouvernements. Les hommes de haute vue ont pu les accuser de cette complicité.

D'autre part le pauvre dit : Le christianisme ne
fait rien pour nous! Et cependant il y a chez le
pauvre un instinct tel quel qui lui révèle son exhérédation. Il sent vaguement, qu'à une époque
quelconque, il a été victime d'une grande injustice. Il comprend, sans pouvoir l'expliquer, qu'au
temps passé le malheureux n'eût pu vivre comme
il vit, sans appui dans le présent, sans garantie
pour son avenir; et cet instinct, c'est l'instinct révélateur de son droit. Or, c'est ce même instinct,
présenté sous une autre forme, que le socialisme
excite, sans le mieux pénétrer. Il fait appel à la
dépossession sans faire appel à la réparation; là
est l'injustice et en même temps le danger, parce
que là sont les redoutables sympathies.

Réclamez à l'État, prolétaires, le milliard qui vous
est dû aussi. Vous le pouvez sans iniquité, mais
vous seriez injustes si vous récriminiez contre l'émi-

gration qui a souffert comme vous et n'a reçu qu'à titre de réparation due. A vous aujourd'hui le jour de la justice! Le jour où l'État reconnaîtra votre droit, et il le reconnaîtra, ce jour où il replacera dans votre âme le sentiment de la justice et celui de votre dignité, le socialisme aura reçu son coup mortel, parce que ce jour, la véritable dissidence et les ressentiments profonds auront disparu; ce jour, la réconciliation entre les possesseurs et les dépossédés aura eu lieu et se sera définitivement opérée; et l'honnête homme malheureux, ayant recouvré son droit dans le présent et l'avenir, redeviendra ce qu'il était jadis.

Le pauvre, répétons-le pour qu'on le sache mieux, n'était pas jadis ce qu'il est devenu à notre époque.

Travailleur, les maîtrises, les corporations le réclamaient et assuraient sa vie. Vieux, infirme ou surchargé de famille, la charité chrétienne, devenue sociale, venait à lui, elle avait pourvu à toutes les misères. Ainsi, se trouvait-il dans quelqu'une de ces conditions où le fardeau excède l'homme, le premier des sentiments, la charité, lui venait en aide. Et alors l'homme vraiment malheureux se présentait à celle des fondations ouvertes pour son malheur, et, sans manquer en rien à sa dignité, il réclamait là ce qu'un ami généreux, ce qu'un grand cœur avait, par prévision, fondé pour lui, depuis quelquefois des siècles. Et la reconnaissance, élevant l'âme du pauvre, il rendait par la prière l'équivalent du bienfait; car Dieu a établi cet équilibre, et on n'entendait aucune malédiction sur cette vie, soit contre Dieu, soit contre les hommes.

Enfin, un dernier motif doit décider l'État à entrer dans cette voie de réparation : c'est la difficulté législative que lui a léguée la Constitution de 1848. Nous voulons parler précisément de cette loi sur l'assistance, qui devient un insoluble problème hors de là.

Cette loi, en effet, place l'État dans le double danger, ou d'aller trop loin dans cette voie, et par là d'empiéter sur le domaine de la charité et de la propriété, ou de s'arrêter au premier pas, et de n'être alors qu'un triste et insuffisant complément.

Que doit donc faire le gouvernement pour donner à cette loi capitale sa base et son développement rationnel, son application sagement pratique?

L'asseoir sur le principe sacré de la réparation due aux pauvres; et, par l'invocation de ce principe et son adoption, se placer sur le terrain inébranlable de la moralité. De cette manière, l'État ne fera pas un sacrifice à la misère publique, et la justice gouvernementale fera rentrer le prolétariat dans son imprescriptible droit. Cette loi ne sera plus alors une concession au socialisme, ce qui répugne aux hommes énergiques, ni un impôt décrété par la peur et qui serait d'autant plus pesant : ce sera la réintégration de la dignité humaine par la légitimité du droit; la réparation, au nom chrétien, de l'atteinte portée au patrimoine fondé par la foi des siècles et la piété de nos pères, et au nom de Jésus-Christ aussi, qui a honoré la pauvreté dans sa personne!

Que le gouvernement, qui a besoin d'un principe pour sa loi, prenne donc celui-ci. Il le doit, car il n'y en a pas d'autre; et dans ce principe est contenue toute cette loi. Tout le génie humain ne peut suppléer à ce principe. Toutes les combinaisons de l'habileté ne peuvent suppléer à son défaut. C'est ce qui rend l'œuvre de l'homme à qui le rapport de cette loi est confié si difficile et si lent. C'est ce qui le fait errer, lui, M. Thiers, dans tout le dédale des combinaisons possibles. Il n'en trouve pas pour l'équivaloir; et plus ces combinaisons seront ingénieuses et séduisantes, plus elles laisseront voir le vide d'un principe puissant et fécond. Tandis qu'avec le principe de l'indemnité des pauvres, cette loi, au lieu d'être un problème insoluble et de contenir un danger public, deviendra le nouveau lien social et le grand élément de conciliation qui resserrera tous les intérêts et tous les sentiments.

Alors cette loi sera une véritable loi de réparation, d'assistance générale, car elle cicatrisera les cœurs en fermant le gouffre de la misère publique.

Ainsi, l'État en général, les villes de France, notamment Paris, pour leurs pauvres respectifs, doivent tous reconnaître leur droit, et participer à la restitution de ce patrimoine. Ils le doivent, parce que c'est eux qui ont profité, parce que cette réparation a eu lieu pour toutes les classes dépossédées depuis l'origine de notre révolution, et enfin parce que la reconnaissance de ce droit et la reconstitution de ce patrimoine arrêteront plus que tout le reste les progrès des théories qui minent chaque jour davantage, parce qu'elles s'adressent à une masse énorme de population placée entre le ressentiment, la détresse et le désespoir!

CHAPITRE V.

VOIES ET MOYENS POUR ARRIVER A CETTE RÉPARATION.

Rien ne serait plus facile que d'arriver à cette réparation, si nous étions à une époque où le sentiment de la justice sociale, qui n'est autre que la partie humaine du sentiment religieux, prédominât.

A l'un des siècles que nous entrevoyons, que nous comprenons, tels enfin que l'avenir en produira, car l'avenir sera meilleur que le présent, cette difficulté d'exécution ne serait pas sérieuse. Ce qui précède suffirait pour la faire disparaître.

Mais nous sommes encore à une époque d'intelligence négative, où les grandes notions du bien se comprennent, et cependant ne se résolvent trop souvent que par la force des révolutions. Puisse du moins cette époque n'en pas trouver une cause nouvelle dans la solution qui nous occupe!

Nous voici donc en face de la difficulté : l'exécution.

Nous avouons que nous ne serions nullement embarrassé pour trouver des voies et moyens si nous avions quelque autorité, mais nous sommes réduit à exposer nos vues.

D'abord, nous sommes tenté d'invoquer le concours d'un établissement, créé dans ce siècle, et qui partage avec l'État le privilége de battre monnaie; nous voulons parler de la Banque de France.

Nous croyons qu'il serait possible à cet établissement de trouver une combinaison financière qui, sans trop de danger, lui permît d'entreprendre l'œuvre réparatrice avec succès. Oui, nous croyons que la Banque de France pourrait contribuer puissamment à la reconstitution de ce domaine des pauvres par une combinaison, simple pratique et sûre, elle qui a su en trouver pour sauver le pays d'un désastre irréparable. Elle a en effet sauvé le pays en aidant le Trésor à faire face à ses engagements. Ce qui nous permet de dire, non plus comme autrefois, Si le roi le savait! mais, Si le peuple le savait! Si le peuple savait tout ce que cet établissement a créé de ressources pour lui-même surtout, il cesserait d'avoir contre un monopole dont il ignore la portée et la nécessité les préventions qu'on s'étudie à nourrir en lui...

Mais la situation du crédit public n'est pas encore suffisamment raffermie pour que la Banque puisse entrer dans cette vue, et se prêter à une opération de ce genre. Son crédit ne peut être ébranlé sans un danger public, et tout lui commande de le conserver tel qu'il est.

Mais un jour prochain viendra peut-être où nous la prendrons à partie. Ce jour serait celui où il nous serait démontré que l'État ne peut seul faire face à la nécessité de cette réparation, et qu'il a besoin du concours de l'établissement avec lequel il a une irrésistible tendance à confondre ses intérêts, et à le prendre pour solidaire d'un engagement de cette nature.

Ce jour-là nous dirons tout haut ce que la Banque doit faire, et nous le lui démontrerons au point de vue financier comme au point de vue de son intérêt moral.

En attendant, l'État reste seul pour réparer la spoliation commise à son profit. Seul engagé, seul débiteur direct, à ce double titre c'est à lui d'agir! Que doit-il donc faire?...

Nous allons le lui dire. Le lecteur l'a déjà compris.

Sérieusement débiteur et obligé direct envers les

pauvres dépossédés par lui, il doit faire à leur égard ce que déjà il a fait pour ceux qui ont souffert de nos tristes discordes civiles.

Qu'il présente donc au plus tôt une loi dans laquelle, réparant les torts d'un passé néfaste, il demande, par une dotation nouvelle et proportionnelle, à effacer la dépossession des pauvres consommée par le décret de 89.

Que chaque commune, en France, participe au bénéfice de cette dotation, au prorata de ce que ses pauvres ont souffert; et quant à la quotité du chiffre qu'il demandera, qu'il n'oublie pas que la partie enlevée aux pauvres s'élevait au tiers de la valeur totale des biens du clergé, soit 666 millions : aujourd'hui ils en vaudraient le double [1].

Qu'il se souvienne enfin, en présentant cette loi, que le nouveau patrimoine de l'indigence ne peut être mieux administré que par les mains du sacerdoce. Il paraît convenable que ceux qui pendant quinze siècles ont été les dispensateurs fidèles de la charité, soient maintenus dans l'exercice du mandat gratuit de la charité; sans cela, cette réparation perdrait de son caractère; et ce

---

[1] On nous objectera peut-être que le budget contient une allocation énorme pour les pauvres. Pour ceux des villes; oui. Mais ceux des campagnes restent abandonnés.

serait déposséder encore le clergé français que de le priver de son ascendant. En un mot, quelles que soient les garanties de distribution qu'exige l'État, il faut que la main du sacerdoce se fasse sentir, comme le voulait Mirabeau lui-même ; et que ceux qui déjà sont chargés de cicatriser les plaies de l'âme soient chargés en partie de guérir les plaies du corps social.

Mais l'État n'a-t-il que cette unique ressource d'une dotation à donner aux pauvres? Il en possède d'autres encore qu'il ose à peine s'avouer. Il a les successions en déshérence, dont le capital est énorme. Nous en connaissons une seule, celle de Gabriel-Olivier-Benoît Dumas, dernier gouverneur français aux Indes, qui ne s'élève pas à moins de *trente millions* pour l'État [1]. Combien d'autres sont dans ses mains, lui seul le sait. Or, n'est-il pas juste que ce soient les pauvres qui héritent de ces biens? Cette nouvelle affectation donnerait un caractère moral de plus à la loi d'indemnité populaire. Et par là le fisc se relèverait dans l'opinion du pays.

Il pourrait peut-être joindre une troisième ressource à ces deux premières ; mais celle-ci est

[1] Nous en avons nous-même parcouru l'inventaire authentique.

moins avouable et moins facilement réalisable, quoique aussi certaine : ce sont les rentes non réclamées et éteintes par la prescription; le chiffre en est également considérable; et cette ressource se purifierait par cette destination même. Au moyen de ces ressources il sera loisible à l'État de payer les rentes qu'il constituera au profit des pauvres trop longtemps dépouillés. Telles sont les voies et les moyens sérieux que nous indiquons pour refaire ce patrimoine détruit. Voilà ce que l'État juste et bien inspiré doit faire.

Sans doute, quoi qu'il fasse avec tous ses moyens, la réparation restera insuffisante. Eh bien! qu'il appelle à lui un auxiliaire qui n'a jamais manqué au malheur, nous voulons dire la charité privée.

Qu'après avoir constitué la dotation des pauvres des ressources que nous venons d'indiquer, l'État laisse agir la charité privée. Qu'il la laisse libre de s'organiser, qu'il n'y mette aucun obstacle. Et partout où des hommes de cœur se rencontreront, ils formeront des sociétés civiles au profit des pauvres. On objectera peut-être que déjà des sociétés de charité privée peuvent se former et se réunir. Nous le savons. Nous savons aussi que ce droit de réunion est tout ce qu'elles possèdent. Or cette faculté est insuffisante. Il faut de plus qu'elles puissent vivre légalement. Il faut qu'elles puissent former autant de sociétés civiles qui, à l'instar de toutes celles de ce genre, soient capables d'acquérir, de recevoir, de transmettre. C'est précisément là leur incapacité. On dira sans doute que l'État a besoin de rencontrer des garanties morales avant de concéder ces facultés; nous l'admettons. Mais il ne faut pas que, par la lenteur apportée à l'examen de ces garanties, il laisse mourir les institutions les plus vitales. Il ne faut pas qu'ici encore la légalité tue, comme on l'a dit, à un autre point de vue, sous le dernier gouvernement. Sait-on, en effet, combien d'années la seule institution de charité privée qui existe a vu s'écouler, avant d'obtenir cette faculté de vivre avec légalité ? La Société philanthropique a été soixante ans avant d'obtenir la légalisation de ses statuts. Et cependant elle fut placée sous le patronage de trois ou quatre rois et empereurs. Combien d'associations auraient succombé à cette épreuve ! C'est ce que désormais il faut éviter, car ce n'est plus là de la justice.

Quelle nature de garanties morales l'État peut et doit-il exiger ici ? Une seule doit lui suffire. Que le prélat, chef ecclésiastique de la localité où se formera un établissement de charité privée, garantisse la moralité. Pour cela, que toute institution soumette à cet évêque ses statuts et son but. Mais, quand le prélat aura examiné et prononcé ; quand il aura déclaré que les statuts sont moraux, et le but proposé parfaitement honorable, qu'alors l'État ne diffère pas d'accorder, s'il tient à conserver ce droit et si on le juge utile, tous les droits civils à ces établissements. C'est tout ce que la charité privée réclame de l'État. Et il peut être certain qu'alors il rencontrera en elle son plus puissant auxiliaire ; il peut être certain que, de concert, ils augmenteront, avec l'usage des ressources indiquées, la domaine détruit par la spoliation.

Et c'est ainsi que cette grande vertu sociale, la charité, aura encore réparé à notre époque ce qu'elle a réparé chez tous les peuples chrétiens, les maux causés à la société par les discordes civiles.

Et les pauvres retrouveront encore en elle leur premier et plus puissant créditeur.

Qu'il se le persuade bien, le gouvernement puisera dans ce concours une force qui le dédommagera amplement de tous les sacrifices qu'il doit faire. Il gagnera en sécurité et en paix intérieure bien au delà de l'équivalent de ce qu'il aura rendu ou donné à l'indigence et au malheur. Cette restitution sacrée portera aussi ses fruits ; et le pays en recueillera de grands avantages, parce qu'il aura la conscience qu'une grande œuvre réparatrice a été accomplie en son nom.

Or, ce sentiment dans un État, c'est sa vie, c'est sa vitalité la plus énergique et la plus pure, parce qu'il n'en est pas pour un peuple de comparable à celle que lui donne la conscience d'une grande action morale opérée par lui. Ceci le grandit plus que des batailles gagnées ou des provinces conquises. Le jour où la France aura ce sentiment d'elle-même, elle sera véritablement la nation forte, parce qu'elle aura été la nation juste; parce qu'en un mot elle aura cicatrisé sa dernière plaie sociale. Ce jour, elle n'aura plus à craindre de troubles sérieux, parce que le principe, aujourd'hui attaqué incessamment, aura reconquis dans la conscience publique son inviolabilité sacrée. L'ordre moral aura reçu une de ses plus hautes satisfactions, en même temps que le socialisme subversif aura reçu une mortelle atteinte; et cela parce que le christianisme aura jeté de nouveau un de ses rayons divins sur la terre!

———

Maintenant, quoi qu'il arrive de cet écrit, il ne sera pas dit, du moins, qu'en France il ne s'est pas trouvé une voix pour soutenir le droit des pauvres et pour réclamer l'indemnité qui leur est due à un imprescriptible titre. On voit le but que nous avons cherché à atteindre : Dieu veuille que nous l'ayons atteint ! *Pro Deo et justitiâ !*

FIN.